青史流光：跨越时空的那些人

陈平传

编著：宫浩奇

绘者：小马车图书

中国戏剧出版社
CHINA THEATRE PRESS

图书在版编目（CIP）数据

陈平传 / 宫浩奇编著 ；小马车图书绘．— 北京：
中国戏剧出版社，2023.1
（青史流光 ：跨越时空的那些人）
ISBN 978-7-104-05284-5

Ⅰ．①陈… Ⅱ．①宫… ②小… Ⅲ．①陈平（?-前
178）—传记 Ⅳ．① K827=34

中国版本图书馆 CIP 数据核字（2022）第 178416 号

陈平传

责任编辑：肖　楠
项目统筹：康祎宁
责任印制：冯志强

出版发行	中国戏剧出版社	印　刷	保定市铭泰达印刷有限公司
出 版 人：樊国宾		开　本：710mm×1000mm　1/16
社　　址：北京市西城区天宁寺前街 2 号国家音乐产业基地 L 座		印　张：78
邮　　编：100055		字　数：280 千
网　　址：www.theatrebook.cn		版　次：2023 年 1 月　北京第 1 版第 1 次印刷
电　　话：010-63381560（发行部）　010-63385980（总编室）		书　号：ISBN 978-7-104-05284-5
传　　真：010-63381560		定　价：298.00 元（全 10 册）

读者服务：010-63381560
邮购地址：北京市西城区天宁寺前街 2 号国家音乐产业基地 L 座

版权专有，违者必究；如有质量问题，请与出版社联系调换。

西江月·陈平

鼓角遍传关郡，甲兵纷起泽荒。
僻乡分肉志难张，黔首逡巡无望。

策算六出敌乱，功勋双让名昌。
世人但论计非阳，智士偏多毁谤。

姓　　名	**陈平**
所处时代	秦末至西汉文帝之间
主要事迹	陈平分肉；盗嫂受金；计间范增；荥阳解围；计抚韩信；伪游云梦；白登破围；智释樊哙；平定诸吕；让相周勃；文帝问对
关联名人	刘邦、张良、樊哙、韩信、项羽、范增、吕后、周勃、冒顿单于
文化标识	"陈平亦分肉，太史竟论功"（唐·杜甫·《社日》）；陈平多辙；李广成蹊（唐·李翰·《蒙求》）；汗流浃背

历史背景

　　公元前 209 年，统一天下仅仅 12 年的秦王朝迎来了末日之战。出身贫贱的草莽英雄陈胜、吴广不堪暴政，发动了灭秦第一战——大泽乡起义。其后各路英豪不甘落后，纷纷起兵。两年后，盛极一时的大秦帝国烟消云散。但中华大地并未立刻恢复和平，在帝国的废墟上崛起了两支可以逐鹿天下的队伍。他们的领袖一是刘邦，一是项羽。二人龙争虎斗，又将战争持续了四年之久。最终刘邦成功击败项羽，建立了大汉王朝。刚刚立国的大汉王朝并不平静，内忧外患接踵而来。刘邦为了奖励开国功臣，曾大加封赏，尤其是将战功卓著的韩信等七人封为了异姓王。本来应该君臣相得、各安其所的大好局面并没有出现。刘邦对这些功臣宿将越来越不相信，他认为这些人都是威胁皇权的重要障碍。于是刘邦毫不留情地向这些昔日的同袍战友举起了屠刀。这些人不甘引颈就戮，奋起反抗。大汉烽烟，此起彼伏。国内动荡，北方的匈奴乘虚而入，威胁新生政权。刘邦御驾亲征，却被围白登，大败而归，不得不对匈奴暂时用屈辱的和亲之策加以羁縻。这是一段荡气回肠的历史大戏,英雄汇聚,精彩纷呈。有豪气干云的绝世猛将,有运筹帷幄的智士能人,有口若悬河的舌辩之士,有百战不殆的无敌统帅。在这一颗颗璀璨的历史明珠中,陈平是最有特色的那颗。

故事线索

兄长溺爱

迎娶奇女

里社分肉

蹑足抚韩

脱困荥阳

云梦擒韩

推功无知

白登破围

初投魏王

再投项羽

智稳船夫

三投刘邦

计除范增

万金间楚

众将谗毁

阴释樊哙

伪从吕后

平定诸吕

临终自嘲

文帝问对

兄长溺爱

陈平，阳武户牖（yǒu）（今河南省原阳县）人，汉朝的开国功臣之一，以智计闻名于后世。他出身并不高贵，家境贫寒，但他志气很高，非常喜欢读书。他父母早逝，只有个哥哥相依为命。这个哥哥一心想让自幼聪明伶俐的陈平出人头地。因此，他自己每天早出晚归，把家里所有的农活全部都承包了，而让弟弟陈平每天无拘无束地出外交游、学习。后来，哥哥娶了媳妇，有了自己的家庭。陈平依旧和兄嫂二人生活在同一个屋檐下，他的哥哥延续着往日的生活模式：兄长负责养家，陈平负责败家。时间一长，嫂子不乐意了，觉得自己的小叔子每天无所事事，就知道花钱，不当家不知道柴米贵，所以怨言丛生。

兄嫂离心

陈平嫂子逢人便说："我家这小叔子简直就是个废物点心，养他不知道有啥用？"这话很快就传到了陈平哥哥的耳中。陈平哥哥一听此言，大怒，回家就把自己老婆痛骂一通，然后毫不犹豫地休掉了。陈平得以继续过着自由自在的浪荡生活。陈平哥哥后来又娶了一位妻子，看来还是有人胆大，敢把自己姑娘嫁给这个"扶弟魔"。而陈平年纪日长，也到了娶亲的年龄，可哥俩这种情况，大家都不愿意把姑娘嫁给他。富人觉得自家姑娘嫁给这个一事无成的穷光蛋会挨饿受冻。而陈平自我感觉很是良好，他又不愿意娶穷人家姑娘。时间拖了好久，陈平终于有了自己的意中人：这个姑娘的家境倒是富裕，但却有一个可怕的缺点。

巧遇伯乐

陈平的意中人不是一个普通的姑娘,她已经出嫁了五次了,而每次的结局都是丈夫暴毙。这在古代简直就是头号"克夫魔女"。周围的乡里乡亲都不敢再娶她,唯恐有性命之忧。而陈平倒是胆大包天,一心要娶这个姑娘,但却苦于无人介绍。契(qì)机来源于一场丧事。陈平为了解决温饱问题,常去帮助别人料理丧事,在丧家遇到了意中人的爷爷张负。张负一眼就看中了高大英俊的陈平,觉得这小伙子不错。等丧事结束,他偷偷跟着陈平回家,想看看他的家庭状况,结果发现陈平家一贫如洗,甚至只能拿破席当门。但转眼一看,发现他家门口有很多的车辙(zhé)印,车在古代是富贵的象征,这说明有很多贵人经常来拜访陈平。

青史流光：跨越时空的那些人

到了陈平家，一定要好好对待他的家人。

迎娶奇女

张负暗暗点头,一回家就跟儿子说:"我要把咱家姑娘许配给陈平。"儿子大为不解,说道:"陈平这个人我知道,没啥正经职业,每天东游西逛,**游手好闲**,而且家徒四壁,这不是让姑娘过去受罪嘛!"张负笑道:"不然,我看陈平这人仪表非凡,不会一直这么贫困的,你不要被他现在的境况迷惑,此子将来必成大器。"张负的儿子拗(niù)不过父亲,加上自家女儿也确实无人可以再嫁,只好让女儿与陈平**喜结连理**。张负好人做到底,不仅借巨款给陈平操办了风风光光的婚礼,而且还一再叮嘱自家孙女儿:"以后到了陈平家,千万要小心侍奉人家,绝不可因别人家贫就看不起人,对他的哥哥嫂子也要**全心全意**。"

里社分肉

还真别说,张负的孙女自从嫁到陈平家后,一下子由"克夫命"变成了"旺夫命",陈平家的财富居然越攒越多,而陈平的人脉圈子也越来越广。由于他颇有学识,所以乡亲们老请他主持一些婚丧嫁娶、祭祀神灵的仪式。有一次,他将祭祀用的肉分割得特别平均,所有人都赞叹不已。陈平却怅(chàng)然叹道:"这只是小道罢了,如果日后我能宰执天下,也一定能够像分肉这样准确恰当。"不甘平庸的陈平能有这个机会吗?答案是肯定的。不久之后,反秦起义大爆发,陈胜、吴广首先在大泽乡起义,天下英雄云集响应,准备要推翻暴秦,改天换地。陈平默默无闻的生活迎来了转机,他立刻抛下娇妻,义无反顾地投身反秦大业中。

青史流光：跨越时空的那些人

初投魏王

陈平这种智谋之士没有枭（xiāo）雄们的王霸之气，所以最好的出路就是投奔明主。不过此时群雄并起，主公太多，陈平一时也不好选择。他首先选定了陈胜所立的诸侯王魏王咎（jiù）。这个魏王给了陈平一个太仆的官职，负责掌管车驾。这个职位并不是核心岗位，但初出茅庐的陈平很希望能发光发热，所以不停地提想法、提意见。可惜魏王咎根本没有王者之心，哪会听一个毛头小子的建言，故此对陈平从来都是爱答不理的。魏王咎是这样的冷漠态度，下面一些看不惯陈平老想出风头的人自然很快落井下石，他们也不停地在魏王咎面前诋毁陈平。陈平又委屈又生气，眼见此处非久留之地，只能黯然离去。第一次就业以失败而告终。

再投项羽

陈平在江湖上浪荡了一段时间后，投靠了气势正盛的楚国大将项羽。彼时项羽大战巨鹿，逼降秦朝大将章邯（hán），消灭了秦朝的主力部队，堪称威名赫赫。陈平庆幸得遇明主，遂跟随项羽一路西进，赶走了首先攻入秦朝祖地——关中的另一路诸侯刘邦。进入秦都咸阳后，项羽以义军统帅为名大封诸侯，自封为西楚霸王，将表示臣服的刘邦封为了汉王，远远打发到川蜀、汉中一带。而陈平也因功被封爵。但不久以后，并无大志的项羽放弃了咸阳宝地，东归自己的老家彭城。不料项羽前脚刚走，狡猾的刘邦就悍然回兵，攻占关中。而就在此时，齐地的诸侯田荣也发动了叛乱。项羽无法两线作战，遂先率兵平齐。

宰天下·施六计·陈平

青史流光：跨越时空的那些人

二〇

逃离项营

汉王刘邦乘项羽深陷齐地叛乱之际，东出关中，想要和项羽争霸天下。一时间，天下好多诸侯纷纷叛楚，殷王司马卬（áng）就是其中一支。项羽无瑕分身，遂派陈平收拾司马卬。陈平没有辜负项羽的信任，很快迫使司马卬投降。回来后，项羽给了陈平一些封赏。但陈平的战果并没有维持多久，很快，刘邦再次进攻殷地，殷王司马卬转身又投靠了刘邦。项羽闻讯大怒，觉得都是因为平定殷地的人办事不力，才导致司马卬降而复叛，所以决定拿陈平等人开刀。其实这件事情只能说司马卬是墙头草，跟有功之人陈平有什么关系呢？但刚愎（bì）自用的老大非要找个出气筒，陈平能怎么办？他只好挂印封金，连夜逃离了项家军营。

备注

刚愎自用：形容非常固执，不听取别人的意见，独断专行。

智稳船夫

陈平一路奔逃，如丧家之犬、漏网之鱼，好容易跑到了黄河边。举目四望，陈平看到远处有一个船夫正在岸边歇息，陈平赶紧跑过去请求船家帮他渡河。船夫上下打量了他一番，没有说话，只是请他上船。船到河中央时，陈平忽然发现这个船夫眼中露出了凶光。陈平一琢磨，暗道不好：这个船夫一定是从自己的穿着打扮上看出自己是一名逃亡的将领，然后判断自己身上定然携带着金银财宝，因此想要劫杀自己。想到此处，陈平不慌不忙地把自己的衣服脱掉，光着膀子，走上前去，主动帮船夫摇橹。船夫一看他身上光溜溜的，并无想象中的财宝，这才杀意全无，陈平遂得以平安渡过大河。

三投刘邦

　　逃亡路上的陈平一时不知该投奔何人，毕竟现在项羽实力雄厚，其他诸侯能够坚持多久还不好说。忽然，他想起了汉王刘邦。汉王刘邦当初首先攻入的咸阳，但却被实力强横的项羽抢了果实。当时，刘邦为了向项羽示弱，曾亲身到鸿门一地项羽的军营中低三下四地自我辩解，表示没有反抗项羽的意思，以换取项羽的原谅。正是在这场鸿门宴上，陈平与刘邦有过一面之缘。目今天下无处可去，也只有投靠正想跟项羽争霸天下的刘邦了。于是，他找到了正在汉军中的好友魏无知，请其向汉王推荐自己。魏无知不负所托，亲自向刘邦推荐了陈平。而刘邦此前对陈平一无所知，所以听后也没有特别在意，只是安排他前来面试。

机智自荐

和陈平一起来面试的有七个人。面对投奔者,汉王刘邦大概聊了几句场面话后,就不咸不淡地对大家说:"好了,今天就这样吧,诸位可以去休息了。"陈平急了,这样被打发走,必然默默无闻,将来还怎么出人头地呢?一向善于把握机会的陈平立刻站了起来,大声道:"大王,我今日前来投奔是有要事对您进言,所言之事绝不可拖延到明天。"刘邦一听,觉得这毛头小子有点意思,就把他留了下来。其实陈平也没有什么要事可以汇报,不过是找个借口希望能够获得和刘邦深谈的机会,以方便大老板更细致地了解自己罢了。果然,一番彻夜长谈,刘邦被陈平的表现折服,遂下令任命其为都尉,职责为参乘(cān shèng)、典护众军。

青史流光：跨越时空的那些人

身居要职

陈平所获都尉一职跟在项羽军中是一样的,而参乘意味着刘邦出行时,他可以陪侍车驾,这是非常心腹的人才能担当的职责。至于典护众军,是监督三军的意思,这个权力就非常大了,而且招人嫉恨。果然,刘邦手下诸将一听陈平的任命,顿时就炸了锅。大家纷纷跑来对刘邦说:"陈平这小子不过是项羽手下的逃兵,水平不知高低,忠心难辨真伪,大王您怎么能一日之间就让他身居要职,又是陪驾,又是监督大军呢?"刘邦听后,不仅没有收回命令,反而更加宠幸陈平。众人对此无可奈何,只能暗暗寻找机会打算再次给陈平使绊子。不久,刘邦带着陈平诸将会合了一些诸侯,乘虚而入,大举进攻项羽的老巢——彭城。

众将谗毁

彭城之战，刘邦先胜后败，五六十万人马被项羽杀得落花流水、大败亏输。刘邦一路奔逃，抛妻弃父，直到荥(xíng)阳方才能止住颓势，但却被项羽带人重重包围。刘邦任命陈平为亚将，跟着韩王信驻守荥阳附近的广武。其他将领一看陈平不在刘邦身边，正好跑去给陈平上眼药。于是，以灌婴、周勃为首，在刘邦起家时就一直追随的将领们跑去进谗言："主公呀，陈平这家伙看起来仪表堂堂，但实际上金玉其外，败絮其中。人品真的很成问题呀，据说他在家的时候跟他的嫂嫂暧昧(ài mèi)不清，而且先投魏、再投楚，都干得不长久，一看就不是忠诚之士。更令人厌恶的是，大王您这么信任他，让他监督众军，可是……"

主公啊!陈平表里不一,您被骗了啊!

他不是什么忠诚之士,不值得您这么信任他啊!

宰天下·施六计·陈平

三一

质疑品行

刘邦一边听着，一边在军帐里转来转去，忽然发现大家不再说话了，遂抬头追问道："然后呢？"众将沉默，刘邦更加疑惑，又再追问一次。众将才吞吞吐吐地说道："据说陈平典护众军期间，凡是给他上贡金子的，有错也能被放过，凡是没给他上贡金子的，即使没错也会被惩罚。所以他就是个**货真价实**的小人。"刘邦听后，半信半疑。本来不太相信陈平会干此事，但大家都这么**言之凿凿**，刘邦也不想太过违拗众意。于是他找来陈平的推荐人魏无知，当面质问他陈平是否有这些破事儿。魏无知点头道："这些事情确实是真的。"刘邦怒道："看看你给我推荐的都是什么品行的人！陈平简直是我汉军的耻辱。"

当面陈情

　　魏无知不慌不忙地说道:"我推荐他是因为他的才能,大王您现在问的是他的品行,二者根本就不是一码事。尾生、孝己这些人都品行良好,但是能帮助您决胜沙场、问鼎天下吗?今天我军跟楚军战火方炽,我推荐的人自然是能够帮助我们取胜的智谋之士,至于他跟嫂子是否纠缠不清,平常是否收取士兵贿赂,都不在我的考虑范围。"刘邦听后,暗暗点头。他又命人把陈平从广武召回,当面问道:"阁下先投魏、又投楚、复投汉,请问你到底是不是忠诚之人呢?"陈平苦笑道:"我先后背魏离楚,都是因为魏王咎、项羽不识英才,大材小用,所以我才离开的。来投汉军,也是因为听说汉王您会识人、用人而已。"

委以重任

刘邦追问道："那你怎么解释收受士兵贿赂一事？"陈平坦然道："我从项羽军中逃出时，身无分文，只有宝剑一柄。不想办法聚敛些财物，怎么能够支撑我日常的花销呢？其实，这些钱财，我想有大用，目前还没有来得及花费出去。如果大王觉得我平时的计策还行，就继续用我，如果觉得我没啥了不起的，那我情愿把这些钱财通通归还，然后请放我自由离去。"说罢，陈平一躬到地，然后转身默默离开。刘邦赶紧一把拉住陈平，连连施礼道："先生千万不可离开，是我的过错，我真不该怀疑先生。请先生放心，我一定会给先生一个交代。"说罢，刘邦立刻把诸将唤来，痛骂一通，然后当场将陈平升为护军中尉，专门监督众将。

汉军遭困

众将一看陈平这么受大老板赏识，再不敢乱嚼舌头了。陈平对刘邦也感激莫名，庆幸遇到了明主。当然二人来不及惺惺相惜，因为战局越来越不利于汉军。项羽围困荥阳日久，而且屡屡攻击汉军粮道，汉军已经到了山穷水尽的地步了。刘邦曾尝试跟项羽讲和，项羽本也愿意和谈，但项羽手下的第一谋士亚父范增坚决不同意，一心要把刘邦赶尽杀绝。刘邦大恐，问陈平下一步该怎么办。陈平冷静地分析道："项羽这个人礼贤下士，对人客气有礼，很多廉洁重礼的道德之人都愿意投奔他。但他却有一个致命的缺点，即对于封赏一事非常吝啬。别人立了大功，却很难得到应有的奖励，这自然会让有才之人离开。"

宰天下·施六计·陈平

献计解忧

陈平看了看正在侧耳倾听的刘邦,笑着说道:"大王您呢,正好相反。平常不拘小节,对人轻慢无礼,所以那些好礼讲究的正人君子都不愿与大王为伍;而您也有最大的优点,那就是不吝财物,肯于厚赏众人,所以那些贪财好利、一心钻营的小人们也都喜欢跟着您。"刘邦听到此处,气得胡子都翘了起来。陈平摆摆手,微笑道:"大王莫急,不用拘泥于这些评价。实际上,围绕在您周边的都是真正的有才之人,而看看项羽那边呢?也只有范增、龙且、钟离眛等寥寥几人算得上人才。小人不才,请大王给我大量钱财,我愿意去帮大王离间项羽和这些人之间的关系,以解大王之危。"刘邦转嗔为喜,立刻命人取来四万金,令陈平便宜行事。

万金间楚

陈平得到刘邦授权,放心大胆地用这笔钱财去行离间之事。他收买楚军奸细,在楚军中散布谣言,说钟离眜(mèi)等将战功赫赫,但是却不被项羽裂土封王,所以心怀不满,打算投靠汉军。项羽闻言,果然对诸将产生了怀疑,更加不愿意给他们封赏了。诸将无法自辩,既害怕被项羽所杀,又不满项羽的猜忌和吝啬,渐渐**离心离德**。陈平没有停歇,连环出招,这次针对的是项羽的头号智囊范增。一次,项羽派使者来见刘邦,陈平负责接待。他先让使者在帐中等待,然后吩咐仆人们摆上了美酒佳肴。一切准备完毕,他踱着方步走了进去,一见使者,就躬身问道:"亚父派您来有何贵干呀?"使者迷惑不解道:"是项王派我来的……"

青史流光：跨越时空的那些人

巧种疑虑

陈平假装惊讶道："啊，是项王派来的呀，我还以为是亚父派来的呢，搞错了，搞错了！来人，更换筵席。"项羽使者目瞪口呆地看着眼前的美酒佳肴被流水一样撤下，换上来一桌粗茶淡饭。他咽了咽口水，一时失神，陈平这操作简直是赤裸裸地打脸呀！陈平还在旁边装模作样地斥责仆人："你们怎么搞的，项王的使者怎么能跟亚父的使者一样待遇呢？简直瞎胡闹！"项羽使者实在没脸呆下去了，他霍然而起，一甩袖子，气哼哼地离营而去。陈胜在背后露出了一丝狡猾的微笑。使者回楚，添油加醋地把自己在汉营中的所见所闻跟项羽一汇报，项羽顿时疑窦丛生，难道亚父范增真的跟汉军有勾结？不然为啥陈平这么重视他派去的使者呢？

项王中计

　　正在项羽狐疑不定之时，范增急匆匆地走了进来，毫无礼节地对项羽说道："大王，你还在啰嗦等待什么？赶紧全线出击，把荥阳拿下呀！"项羽玩味地看着范增道："亚父，楚军现在也将衰兵疲，你为何这么急于让我军去进攻坚城要塞呢？是怕楚军勇士死不干净吗？"范增急道："大王，你怎么能这么说？我们劳累不假，但刘邦更是强弩之末，现在不乘机拿下，日后恢复元气可就麻烦了。现在不是体恤士卒、行妇人之仁的时候，必须要当机立断呀！"项羽冷笑道："亚父，我看这个进攻的计划不是你的主意，而是刘邦的主意吧！"范增闻言，愕然望向项羽，不明白自己忠心辅佐的项王为何会有这种想法。

备注

强弩之末：弩：古代一种利用机械射箭的弓。末：指箭飞行中的末程。比喻原来强大的力量一旦衰弱，也不再有威力了。

青史流光：跨越时空的那些人

反间成功

旁边刚从汉营归来的使者也一脸鄙视地看着范增,插言道:"鄙人刚从汉营回来,没想到亚父在汉营中很是吃香呀。亚父这么忠心耿耿地为刘邦着想,想来日后一定能封侯拜将了。"范增闻言,顿时恍然大悟,知道敌人施展了反间之计。他急得一跺脚,口不择言道:"项羽,你好糊涂啊,这明显是敌人想要让你我生隙呀!"范增被项羽尊称为"亚父",一向以子侄辈看待项羽,所以常常直言不讳,教训项羽时毫不顾及项羽本身大王的身份。项羽平日对此颇为不满,但考虑到范增毕竟是自己的股肱之臣,所以也只能咬牙容忍。但现在对范增心生疑忌,哪还再有顾虑?当下不客气地讽刺道:"是呀,我等都糊涂,唯有阁下聪明过人!"

范增退场

　　范增无言以对。他自知无法辩解,看着项羽满脸的桀骜和对自己的不屑,忍不住怒气上涌,他气哼哼地一甩袍袖:"天下大事已定,项王你好自为之吧!老夫告辞了!"说罢,转身就走。但他走得并不坚决,他多么希望项羽能够把他叫住,多么希望项羽能够对他信任如初,相互携手一统江山。可是,一步,两步……一直到走出辕门,范增都始终没有听到任何声音。他长叹一声,两行老泪汩(gǔ)汩而下。他知道,他追求的辅佐明君、成就霸业的梦想彻底破灭了。项羽一勇之夫,怎么敌得过计谋频出的汉军呢?范增**踉踉跄跄**(liàng liàng qiàng qiàng)地奔向彭城,宛如行尸走肉,结果中途背疽(jū)发作,不治而亡。陈平的反间之计大获全胜。

青史流光：跨越时空的那些人

五二

声东击西

范增虽亡,但汉军面临的荥阳之围并未解决。刘邦被困荥阳,随时都有性命之忧。当务之急,是要让刘邦先从荥阳突围出去,脱离险地,方能再图他事。陈平又献声东击西之计。他让荥阳城中的两千妇女分批从东门出城,假装逃跑,吸引楚军的注意力,然后让刘邦从西门乘机逃走。刘邦手下的将军纪信听闻此计,出言道:"这样恐怕还不够完美,我和汉王身高样貌比较接近,我愿意扮作汉王在这些女人之后跟着出东门假装投降,这样敌人会更加深信不疑,汉王也就更加安全了。"陈平点头同意。是夜,荥阳东门大开,一批批妇女从城中乘黑而出,楚军果然被吸引了注意力,纷纷涌向东门。

脱困荥阳

等女人们出得差不多了,纪信扮作刘邦,乘着汉王的车驾,举着汉王的仪仗,昂然而出,高呼道:"汉军粮食已尽,汉王情愿归降。"楚军一听,乐不可支,纷纷大呼"万岁",争着来看汉王。就在东门乱哄哄之际,刘邦、陈平等人悄悄打开荥阳西门,一道烟逃遁而去。这边楚军只顾喧闹欢庆,注意力全部集中在汉王车驾上了,丝毫没人发现荥阳城已经悄悄关上了东门。这边纪信乘车到达楚营,项羽定睛一看,才发现对面不是刘邦,他惊问道:"你是何人?"纪信哈哈大笑:"某乃汉王麾下小卒纪信也。""汉王去了哪里?""汉王早已出西门,回关中去了。"项羽这才知道被骗,他气得须发皆竖,命人活活烧死了纪信。

宰天下・施六计・陈平

韩信邀功

楚汉进入相持阶段，双方互有胜负。刘邦为破僵局，派遣大将韩信开辟北方战线，连续破魏、降燕、击赵、取齐，甚至在楚军救齐时，乘势袭杀了项羽手下的猛将龙且（jū），堪称连战连捷，锐不可当。可功高震主之下，刘邦对韩信的猜忌也越来越强。偏偏韩信不知自省、挟功自傲，一心想要从刘邦的手中多要些好处。齐地刚刚平定，他就立刻派人来见刘邦，借口说齐人反复无常，局势恐不乐观，希望能够封他为假齐王，以便镇守齐地，弹压齐人。刘邦此时正和项羽相持，处在水深火热之中，听此要求，不由地火往上撞，当着韩信使者的面就想咆哮："老子马上就要完蛋了，韩信这家伙还想当假齐王……"

蹑足抚韩

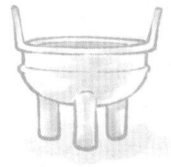

陈平在旁边一看不好,主公的痞子气要发作,遂暗暗踩了刘邦一脚,刘邦秒懂。当前正是用人之际,哪能因为一个王位得罪韩信这样的高级人才呢?只听刘邦大声接着说道:"我就不喜欢这小子唯唯诺诺的样子,大丈夫立身处世,当有大志,要当就当真齐王,当什么假齐王呢?"陈平在旁边抹了把冷汗,暗暗给自己老板点赞:果然厉害,不愧是枭雄之辈,这番转折堪称经典,毫无破绽。刘邦作态一番,即命心腹谋士张良捧着齐王印信,专门到齐地册封了韩信。没有心机的韩信见状大喜,遂死心塌地地为刘邦效力。后来项羽以及韩信手下的谋士蒯(kuǎi)通曾多次劝说韩信背汉自立,但韩信都以汉王对其有知遇之恩为由坚决拒绝。

青史流光：跨越时空的那些人

毁约追击

　　韩信率兵南下攻楚，刘邦又发动另一路诸侯彭越在项羽统治区内开展游击战。项羽一时疲于奔命，**叫苦不迭**。没办法，项羽只好主动和刘邦在鸿沟议和，希望以鸿沟为界，中分天下，西边属汉，东边属楚。刘邦表示同意，项羽为表诚意，送还了当初在彭城之战时捉获的刘邦父亲刘太公、刘邦妻子吕雉。合约既成，项羽遂**偃旗息鼓**，整队班师，返回彭城。刘邦也打算就此罢兵，可陈平、张良却跑来觐（jìn）见，提醒刘邦道："项羽求和，乃是不得已而为之，说明他兵疲粮尽，此时不取，更待何时？我们应该乘势追击，一举将其歼灭，否则让他回去，那简直是养虎遗患呀。"刘邦大悟，遂果断撕毁合约，派兵追击项羽。

天下初定

昔日威名远震的西楚霸王纵然勇力绝世，终究敌不过刘邦手下诸如陈平、张良、韩信这些智谋之士的算计，最终兵败乌江，自刎而亡。刘邦消灭了自己最大的敌人，成功建立了大汉政权。天下初定，论功行赏，一干文臣武将纷纷封侯封王。其中，当初功劳卓著的部下以及楚汉之争时曾是汉国盟友的几个诸侯王被封为了异姓七王。可取天下难，坐天下更难。当了皇帝的刘邦并不安心，他时时刻刻担心着当初辅佐他鼎定天下的王侯将领会不会造反，尤其是这些异姓王，更是让他坐卧不宁。怕什么来什么，燕王臧荼（zāng tú）率先反叛，刘邦不得不御驾亲征，好不容易才将其斩杀。又过了不久，有人上书举报说楚王韩信谋反。

宰天下·施六计·陈平

青史流光：跨越时空的那些人

韩信这小子要造反，我们一起去宰了他。

韩信谋反

要说异姓七王中，最为刘邦忌惮（dàn）的就是韩信。韩信当初乘刘邦身处危机时，要挟得来了齐王。彼时刘邦迫于形势，唯有答应，但心中耿耿于怀。所以在项羽败亡的当天，刘邦就急速削夺了韩信的兵权，将其由齐王改为了楚王，这就意味着当初韩信辛苦打下来的根据地齐地被刘邦一把收回，只剩下一个有名无实的王号。但刘邦对此仍不放心，因为作为名将，韩信的功劳太大，天下的仰慕者太多，只要他造反，绝对有很多人誓死追随。本就心怀忐忑的刘邦，现在一听有人汇报说韩信要谋反，顿时有一种"果然不出所料"的感觉。当这个消息在朝堂上公布时，一众功臣宿将纷纷叫嚷："走走走，一起去宰了韩信这小子。"

问计陈平

刘邦看着表现得群情激奋的诸将,默然不语。他知道,这不过是大家故作姿态罢了,自己要真下旨让这些人去,恐怕都得称病请辞。因为韩信的兵法谋略非同一般,这些普通将领根本不可能是韩信的对手。此时,刘邦手下的另一位著名谋士张良已经激流勇退,不再参与朝政。他唯有问计于陈平。陈平沉吟半晌,问道:"有人上书言韩信谋反一事,除了今天讨论的这些人,还有别人知道吗?"刘邦摇摇头,道:"其他人应该不知道。"陈平又问道:"那韩信知道被人告发谋反吗?"刘邦琢磨了一下,又摇头道:"估计他更不可能知道。"陈平点点头,又问道:"那陛下觉得朝堂上这些将领中有人能够收拾得了韩信吗?"

青史流光：跨越时空的那些人

陛下，既然打不过人家，
就不要听信别人的谣言，
轻率出兵。

在带兵这件事情上，
我确实不如韩将军啊！

阻止出兵

刘邦被陈平问到了痛处，只好颓然道："恐怕不可能，要是有这种人才，也不会让韩信一人独大呀。"陈平捻着须髯又道："那陛下手下的兵士能够比韩信手下的兵士更加精锐吗？"刘邦赶紧摆摆手："怎么可能？我跟韩信聊过天，他说我最多带十万人，而他带兵却**多多益善**，我开始生气，但后来一琢磨，觉得他确实说得有道理，在带兵这项上我的确难以**望其项背**。"陈平心中好笑，没想到韩信这么愣，真是不给皇帝面子。但脸上却露出严肃的表情，道："陛下，既然您手下将不比其能，兵不比其精，强行攻打，岂不是逼着韩信反叛，而且您还打不过，这是自取其辱呀！所以绝不可听信诸将言论，轻率出兵。"

云梦擒韩

刘邦从御案后站了起来，在宫中来回踱了好一会儿，踌躇道："不行呀，虽然韩信未必谋反，上书人所言未必是真，但此事必须立刻处理，否则万一流传出去，很难保证韩信不因为害怕而就地起兵呀！"陈平微笑道："陛下，此事当然要处理，但方法得变更，绝对不能强来，依我之计，应该这么做……"陈平站起身来，附到刘邦耳边悄声继续道："陛下应当知道，楚地有一处风景秀丽之地，即云梦泽。您可以下旨说自己到云梦泽巡游。按照规矩，皇帝外出巡游，当地诸侯们就应该来接驾陪侍。那么楚王韩信就不得不来。等他来了，陛下可以将其就地擒拿，到时再决定如何处置即可。这根本无需千军万马，只需一个孔武有力的兵卒而已。"

青史流光：跨越时空的那些人

推功无知

刘邦**喜上眉梢**，大呼"妙计"。翌日，刘邦依计而行，伪游云梦，果然在韩信觐见时将其顺利拿下。但刘邦顾念韩信功劳，而且并未有十足的谋反证据，故刘邦只是将其降为淮阴侯，软禁起来，并未直接杀害。再说陈平，因屡屡为刘邦出谋划策，解决难题，所以被封为户牖（yǒu）侯。但陈平却不肯就封，推辞道："这不是我的功劳应得的。"刘邦惊讶道："先生为我**殚精竭虑**，屡献妙计，计无不成，谋无失算，何以说没有功劳呢？"陈平诚恳地应道："我之所以能有机会辅佐陛下，贡献自己的微薄之力，全是因为魏无知的引荐呀。若不是他，我怎会有如此际遇呢？"刘邦赞道："先生真乃诚信不忘本之人啊！"遂厚赏魏无知。

备注

殚精竭虑：殚、竭：用尽。虑：心思。耗尽了精力与心思。

匈奴再起

刘邦重赏了魏无知,但也没有亏待陈平,还是封他为户牖侯。不久之后,又一个异姓王谋反,这次是韩王韩信(此韩信与淮阴侯韩信非同一人,通常写作"韩王信")。这家伙不光自己谋反,而且勾结了自战国时期就一直骚扰中原的游牧民族——匈奴。匈奴位于北疆,一直觊觎(jì yú)南方农耕文明的富庶,所以屡屡派人入寇。战国时期,与其接壤的赵国、秦国、燕国等都与其有过冲突,为防止其南下,不得不筑造长城防守。秦始皇统一六国,建立秦朝后,派大将蒙恬连接了战国时的长城,并出兵河套地区,狠狠打击了匈奴的气焰。但随着秦始皇的去世,天下分崩离析,战火绵延,匈奴遂再次乘机崛起并伺机南下。

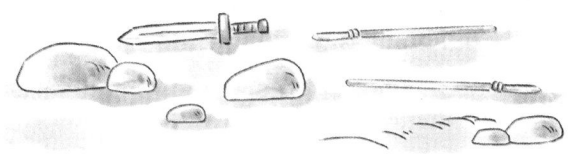

宰天下・施六计・陈平

青史流光：跨越时空的那些人

投靠外敌

匈奴再次崛起时已经跟以往颇有不同。之前的匈奴虽然也很凶猛,但因为处于部落联盟状态,所以并不能有效威胁中原的各个政权。但汉初时的匈奴出了一个不可一世的君主——冒顿(mò dú)单于。他亲手杀死了自己的父亲头曼单于,自立为王。然后灭东胡、逐月氏、并楼烦,甚至收复了当初被蒙恬攻占的河套地区,一举统一蒙古高原,建立起地域广阔的匈奴帝国。其拥有控弦之士三十万,良马无数,堪称**兵强马壮**。建立起大帝国的冒顿单于自然把目光瞄向了南方刚刚建立政权的汉朝,恰好此时,异姓王韩王信因被刘邦猜忌,决定发动叛乱。由于其所在之地马邑,是防守匈奴的前线,所以这家伙一不做,二不休,决定投靠外敌。

汉军中计

冒顿单于有了"带路党"的指引，欣喜若狂，随即越过长城，直扑北方重镇晋阳。气急败坏的汉高祖刘邦只能仓促起兵，迎击匈奴。此时正逢严冬，**天寒地冻，风雪交加**，两军很多士兵都被冻伤冻残。冒顿单于眼见在汉地坚城的阻碍下无法速胜，于是佯装败退，向北逃去。刘邦以为冒顿单于不过如此，遂抛弃行动缓慢的步卒，亲率轻骑追逐匈奴败军，一直追到了平城地带。就在他以为一战可以灭掉匈奴、活捉单于时，局势突变。匈奴人精锐蜂出，羽箭纷纷。汉军人少，只能边打边退，结果被四十万敌寇围困在白登山，不得突围。刘邦这才醒悟到自己中了冒顿之计，急得**捶胸顿足**，后悔不迭。

宰天下・施六计・陈平

青史流光：跨越时空的那些人

寻敌破绽

汉军被围困了七天七夜，水干粮尽，危在旦夕，大家都**一筹莫展**。陈平皱着眉头瞭望敌阵，思索破解之策。突然，他眼睛一亮，急匆匆地跑到刘邦身边，道："陛下，有办法了！"刘邦大喜，连忙追问。陈平道："我刚才观察匈奴阵营，正好看见冒顿单于和他的阏氏（yān zhī）在阵前出现，两人状态亲密，这个阏氏能够被冒顿在打仗时都带在身边，说明非常受宠爱。我们不妨从她下手。"刘邦问："计将安出？"陈平微微一笑，悄悄在刘邦的耳边说了几句。刘邦渐渐**喜笑颜开**，随即颁下旨意，令一名使者携带重礼，乘着大雾，偷偷去见阏氏。阏氏不明所以，搞不清为什么汉使要见她，疑惑之下，命人将汉使领入大帐。

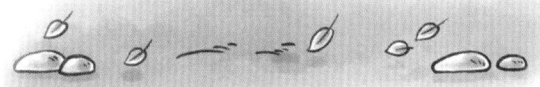

智激阏氏

汉使捧出了一大堆令人目眩神迷的财宝送给阏氏,阏氏看得**眉开眼笑**,询问汉使有何需求。只见汉使不慌不忙地拿出了一幅画,请阏氏帮忙献给单于。阏氏打开画一看,画中是一个绝色美女。"汉皇送这份礼物是什么意思?"阏氏惊讶地问道。"唉!"汉使叹了口气,"我家陛下这不是被单于围困住了嘛,只能求和,所以打算把我们国中最美的女人献给单于,以换取单于罢兵呀。"阏氏一听,脸色顿变。汉使的话一下切中了她的要害。作为女人,她最担心的就是有其他美貌女子来夺走单于对她的宠爱。现在汉家要送美女过来,这岂不是会威胁到自己的地位?于是,她冷冷地说道:"这份重礼,我们单于受不起,你拿回去吧!"

这份礼物不必啦，拿回去吧。

汉皇想送单于最美的女人，只希望能求和。

宰天下・施六计・陈平

白登破围

汉使苦着脸道:"其实我们也不想这么做,但性命危在旦夕,也只能出此下策了。当然,如果阏氏能够劝说单于退兵,我们自然也就不会送什么美女给单于了。"阏氏心中恍然,权衡了一下利弊,纵然单于捉住了汉皇,对自己又能有什么好处呢?说不定还真有可能增加竞争对手,既然如此,那还不如帮助汉皇脱困。于是,晚上阏氏见到单于时,就吹了枕边风,说汉皇也是有神灵保佑的人,真要杀了,恐怕不祥。而冒顿单于此时也有一些疑惑。当初韩王信曾答应派人来协助攻杀刘邦,但至今却迟迟未到。难道他们是假投降,想要暗中对匈奴不利吗?冒顿单于不敢冒这个险,遂顺水推舟答应了阏氏的请求,命人放开生路。

封赏食邑

刘邦狼狈不堪地从白登山脱困，回去后决定休养生息，与匈奴不再开战。汉朝从此采取了和亲政策，一直到后世武帝时，才又对匈奴大规模用兵。陈平献奇计帮助刘邦脱困是秘密进行的，所以很多人都不知道。但刘邦心里有数，想要重重赏赐。一天，刘邦巡游路过曲逆城时，发现城郭雄伟高大，堪与洛阳比肩，一时兴起，就把曲逆赏赐给陈平做食邑，陈平也由户牖侯变为了曲逆侯。后来陈平相继参与了刘邦平定陈豨（xī）、英布等异姓王叛乱的战争。每次战争，他都能贡献奇谋妙计。由于这些计策很多都出自陈平之口，只入刘邦之耳，所以外人很少有知道的。刘邦则心知肚明，对陈平也不吝赏赐，动不动就封赏食邑。

青史流光：跨越时空的那些人

樊哙是陛下身边的老人，又是亲戚，这事难办啊！

就怕我们杀了他，陛下再后悔，我俩就不好交代了。

奉旨斩哙（kuài）

刘邦在平定英布叛乱时，受了箭伤。好容易返回长安，却又传来了新的燕王卢绾（wǎn）叛乱的消息。刘邦难以成行，只好命令大将樊哙领兵出征。谁知刚出发不久，就有人说樊哙的坏话。刘邦本就病痛难忍，一听此事，立马火冒三丈，大怒道："樊哙这是看我生病，希望我立刻死掉吧！"命人召来绛侯周勃和曲逆侯陈平，吩咐道："你二人马上拿我旨意到樊哙军中，周勃夺其兵权，陈平立斩樊哙，然后提头来见。"二人不敢多言，出宫后商量道："樊哙乃是陛下起兵时就跟随的老人，功劳卓著，而且又是皇后吕雉的妹夫。别看陛下现在愤怒，要杀他宰他，但说不定一会儿就后悔了。到时候找后账，咱俩可就里外不是人了。"

阴释樊哙

二人思量半天，最后决定不能杀樊哙，最好把他捉回来，交给刘邦自己处理，这样二人就撇清关系了。于是，二人径到樊哙军中，夺其兵符，然后周勃领军继续平定卢绾叛乱，而由陈平把樊哙押入囚车，赶返京都。结果走到半路的时候，传来噩耗：高祖刘邦不愿医治，已经驾崩，朝政改由吕后把持。陈平非常担心自己捉拿樊哙一事会让吕后生气，更怕有人先去向吕后进谗言，遂赶紧派使者赶回去向吕后汇报自己的苦衷，又赶回宫中在刘邦的灵前大哭一场。他边哭边说："陛下您让我斩杀樊哙，但我不敢处置大臣，这不给您带回来啦！"这番话其实是说给吕后听的，果然，吕后不仅不埋怨陈平，还非常感激他保全了樊哙的性命。

宰天下·施六计·陈平

青史流光：跨越时空的那些人

伪从吕后

吕后在汉高祖刘邦临终前,曾问他相国萧何死后,谁人能够继任相国。刘邦认为可由曹参继任,曹参死后,可由王陵继任,但王陵必须要陈平辅佐。而陈平自己智慧有余,但气场不足,难以独任大事。后朝廷果然依照此顺序任命相国,当安国侯王陵为右丞相时,陈平为左丞相。此时吕后专权,操纵国家大事。一次,她想要封吕姓族人为王,问王陵是否可行,王陵坚决反对。又问周勃、陈平,二人却表示可以。王陵出来后,气得须发皆张。他严词斥责二人道:"当初我们众臣跟先帝约定'非刘氏而王者,天下共击之'。今高祖尸骨未寒,你们就要背弃誓言吗?堂堂丈夫屈从于吕后一妇人之威,真乃小人也!"

吕媭(xū)谗言

陈平也不生气,只是平静地看着王陵道:"王丞相,要说敢于当面争辩,不畏权威,我确实不如你。但要说保全社稷,安定刘氏天下,我相信你不如我。"王陵默然。不久,恼怒非常的吕后,将王陵明升暗降,罢免了他的右丞相之位。王陵愤而不朝,最终郁郁而终。而陈平因为支持吕氏族人当王,讨得吕后欢心,被晋升为右丞相。陈平虽然被吕后欣赏,但却还有一个敌人在暗中窥伺,那就是吕后的妹妹、樊哙的老婆——吕媭(xū)。这个女人权力欲也非常旺盛,而且对陈平捉拿自己丈夫一事耿耿于怀。现在自己姐姐当权,她就常常跑到吕后面前进谗言:"陈平这家伙不是好人,整天不干丞相应当做的正事,就知道饮酒作乐。"

青史流光：跨越时空的那些人

懒政自保

陈平听说吕媭的谗言后,不仅没有收敛,反倒更加放肆,每天喝得不省人事,哪还去处理什么政务。吕后听说后,反倒更加欢喜。其实,陈平知道,急于掌权的吕后现在就怕刘邦留下的这些老臣管事,只有他们不管事,吕后才能大权在握,为所欲为。因此,看到陈平如此作态,吕后自然认为陈平甘愿放弃权力。她高兴地把陈平唤来,当着吕媭的面说:"丞相呀,人常说'妇人小孩之言不可尽信',我家妹妹不懂事,胡说八道。您千万不要在意。您放心,我非常看重您,她诋毁不了您。"吕媭闹了个大红脸,从此不敢再攻击陈平。陈平自然表现得感激涕零。不久,吕后大封亲族,凡是吕姓族人都封王封侯。

平定诸吕

　　陈平假装顺从吕后，对于诸吕封王毫不在意。而吕后专权自然引起了刘氏子弟以及刘邦时期一众大臣的不满，他们密谋诛除吕氏。但吕后派自己的侄子吕禄、吕产等牢牢把握住兵权，众人无计可施。后来，吕后病逝，吕产、吕禄想要发动叛乱，建立吕氏天下。陈平见时机成熟，遂于太尉周勃合谋，抓住机会，一鼓荡平诸吕，吕媭、吕禄、吕产等皆被杀死。为了防止再发生吕后专权的事件，一众大臣决定选择刘氏后裔中母族势力最弱的人来当皇帝。他们选中了当初最不受刘邦宠爱、也因而不曾被吕后加害的薄姬之子刘恒做皇帝，这就是后来的汉文帝。陈平、周勃等人终于稳定了汉朝江山。

宰天下·施六计·陈平

让位周勃

平定诸吕叛乱后,文帝论功行赏,准备让功劳最大的人当右丞相。陈平本来就是右丞相,但他想要让周勃上位,于是称病不出。文帝不明所以,前去探望。陈平说道:"要说当初高祖创业时期,周勃功劳确实不如我。但在平定诸吕、安定刘氏天下一事上,周勃亲自夺取吕禄兵权,并诛杀诸吕,他的功劳远在我之上,他才应该当右丞相。"文帝甚为感动,遂遵从其意,任命周勃为右丞相,陈平降为左丞相。但文帝也没有亏待陈平,而是额外赏赐其一千金加食邑三千户。后来,文帝渐渐熟悉政事,有一次问周勃:"天下一年断案有多少数量啊?"周勃不能答。又问:"一年国家钱粮收入有多少?"周勃汗流浃背,还是答不出。

文帝问对

　　文帝脸色变得非常不好看。他又拿同样的问题问陈平。陈平答道："这事陛下不该问我，应该问主事之人。"文帝没好气道："那主事之人是谁呢？"陈平侃侃答道："问刑狱之事，应该找廷尉，问钱粮之事，应该找治粟内史。"文帝气呼呼道："既然各项事情都有主事之人，那要你这丞相干啥呢？"陈平道："统领大臣们呀！丞相的职责就是辅佐天子，对外镇抚四夷，对内保境安民，使各级官员各司其职，正常运转而已。"汉文帝对此答案非常满意。周勃出来后，责怪陈平不提前告诉他答案。陈平笑道："在其位怎么不知其职责呢？陛下如果问长安有多少盗贼，你也硬着头皮去数了汇报吗？"周勃大惭，后主动辞去丞相之职。

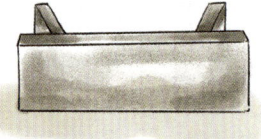

宰天下·施六计·陈平

我这一生，虽『六出奇计』，对汉朝有功，但多是阴谋诡计，必遭天谴，恐怕后世也不会有好结果。

不择手段
阴暗狠毒

六出奇计
智慧超群
为汉家天下的建立
做出了卓越贡献

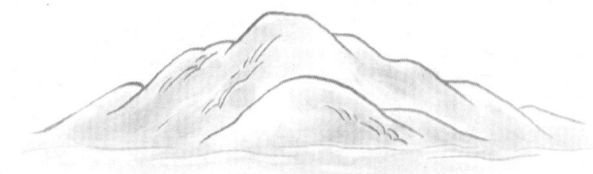

临终自嘲

后世认为陈平"六出奇计",为汉家天下的建立与巩固做出了卓越贡献。其实陈平之策远不止"六"。而其计策也往往抓住人性的黑暗面,甚至有为达目的不择手段之嫌疑,所以后世多评价其为人阴暗狠毒。平心而论,这种评价未免苛刻。陈平一生数次挽狂澜于既倒,所遇形势非奇计不能破局,对于汉朝来说,其功莫大焉。而且他能够在残酷的政治斗争中得以善终,也凸显其智慧超群。陈平自己曾喟然长叹道:"我一生多阴谋诡计,必遭天谴,恐怕也就我这一世能享富贵,后世绝不会再有出息。"历史证明,他的判断没错,其家四代而衰。但这真的是冥冥之中的天谴吗?恐怕未必,这大约是封建时代天然的体制所导致的必然结果吧!

小小评论家

1. 请问你觉得陈平的哥哥和嫂子谁做得对呢?

   _____

2. 陈平在魏咎、项羽那里为什么得不到重用,而在刘邦这里却可以呢?

   _____

3. 如果你的朋友们在你面前说另外一个朋友的坏话,你要相信吗?

   _____

4. 假如没有陈平的离间,你觉得项羽和范增能够相处得好吗?

_____

5. 为什么陈平认为自己能够安定大汉天下,而王陵却不行呢?

_____

6. 你觉得陈平真的是后世很多人评价的"阴毒之士"吗?

_____

文史小课堂

1. 开国功臣：指在建立新国家或者新朝代的过程中功勋卓著的人。

2. 休妻：古代一种不平等的婚姻制度。男性因为某些原因单方面毁弃婚约，迫使女性结束婚姻。

3. 喜结连理：即结婚。连理，指连理枝，即两棵树的枝条连生在一起。用来比喻夫妻恩爱。其典故来自于一个民间故事。相传战国时宋康王为谋夺属官韩凭的妻子，囚禁了韩凭。韩凭不甘屈辱，自杀身亡。其妻假意同康王登台游玩，也跳台自杀，留下遗书要与韩凭合葬。宋康王极为羞恼，偏要将两人分葬两处。不久，两座坟头各生一棵梓树，很快就长得非常粗大，两树根枝交错，紧缠一起，树上有鸳鸯一对，相向悲鸣。唐代白居易的《长恨歌》中有："在天愿作比翼鸟，在地愿为连理枝。"

4. 大泽乡起义：中国历史上第一次大规模的农民起义。秦朝时，刑罚严苛，徭役众多，百姓不堪忍受。戍卒陈胜、吴广被征发兵役，到渔阳戍守。路过大泽乡时，碰到大雨，道路泥泞，难以前行，估计不能按照朝廷规定的日期准时到达渔阳。按照秦法，如果不能及时到达，会被处死。走投无路的二人遂率领其他戍卒，发动反秦起义，杀死秦朝

官吏，建立张楚政权。但因为仓促起事，人员庞杂，作战经验有限，而且内部不和，吴广、陈胜先后被自己人杀害，在秦将章邯的反扑下，义军惨被镇压。这场轰轰烈烈的起义虽然失败，但他鼓舞了匍匐于秦朝暴政下的其他人的反抗斗志，各路豪强相继起兵，最终秦朝二世而亡。

5. 初出茅庐：比喻刚刚进入社会或工作岗位，阅历不深，缺乏经验。典故出自明朝罗贯中所著《三国演义》。诸葛亮被刘备三顾茅庐，请出卧龙岗，担任军师，首战即大败曹军。罗贯中为此写诗赞叹："博望相持用火攻，指挥如意笑谈中。直须惊破曹公胆，初出茅庐第一功。"

6. 巨鹿之战：中国历史上著名的以少胜多战役，是反秦义军消灭秦军主力的关键一战，也是西楚霸王项羽的成名之战。是役，项羽率领数万楚军，破釜沉舟，以决死无畏的勇气，大破秦将章邯、王离率领的四十万秦军，一举消灭秦军主力，加速了秦朝灭亡。

7. 西楚霸王：秦末反秦义军楚军的首领项羽自封的称号，后来成为项羽的专用称呼。称"西楚"的原因在于项羽当时定都的地方是彭城，属于战国时期楚国的西部地区。"霸"通"伯"，这是沿用春秋时期的习惯，春秋时期最强势的诸侯会称"霸（伯）"，意思是诸侯之长，如大名鼎鼎的"春秋五霸"。"王"则是沿用战国时期各国君主的称号，如战国七雄的各国君主均称王。"霸王"即这两种称号的合称，类似于"皇帝"一词的来历。

8. 挂印封金：将印绶挂在大堂上，表示辞职不干，把之前被赏赐的金银财宝都整理好留下来，表示不接受赏赐。典故出自《史记·陈丞相世家》陈平故事，而最有名的是《三国演义》中关羽挂印封金离开曹营的故事。

9. 鸿门宴：秦末一场著名宴会。秦末反秦起义，刘邦抢先于项羽攻入秦朝都城咸阳，项羽因而大怒，想要来夺取胜利果实。刘邦实力不及项羽，只好委曲求全，亲赴鸿门向项羽请罪。席间，项羽优柔寡断，未曾杀死刘邦，后者得以全身而退。

10. 金玉其外，败絮其中：外表看起来像金玉一样美好，里面实则像破棉絮一样糟糕。比喻华而不实的人或物。典故出自明朝刘基所写的寓言《卖柑者言》。

11. 问鼎：意思是谋夺当前的政权。典故出自《左传》。春秋时期，列国争雄，周天子实力孱弱，但拥有自夏朝时期传下来的、象征天子权力的九鼎。诸侯楚庄王借朝觐之机，向周王室大臣王孙满询问鼎的大小和轻重，流露出想要取代周王室、成为天下共主的野心。王孙满予以驳斥，楚庄王悻悻无语。

12. 言之凿凿：形容说话非常肯定，证据充分确实。出自清代纪晓岚的《阅微草堂笔记》。

13. 尾生、孝己：尾生是《庄子》中虚构的一个人物，他与一女子在一桥梁处相约，结果女子未到而河水暴涨，尾生为了守信，不肯离开，最终被淹死。所以尾生后来成为坚守信约的代表性人物。孝己，传说是商王武丁的儿子，非常孝顺母亲，却遭后母谗言，被放逐而死。后世以其作为孝子的典范之一。故事中，陈平举这两个人为例，意在说明二人虽然道德品行很好，但却对君主称王称霸没有什么作用。

14. 强弩之末：即使是强弩射出的箭，到了射程的尽头也没有力量了。比喻原来强大的力量已经衰竭，起不了什么作用。语出《史记·韩长孺列传》："且强弩之极，矢不能穿鲁缟；冲风之末，力不能漂鸿毛。"

15. 难以望其项背：难以看到别人的脖子和后背，形容与别人差距太大，追赶不上。

16. 单于：匈奴人对其最高首领的称呼，类似于汉族地区的皇帝。

17. 阏氏：匈奴人对于妻、妾的称呼。

18. 非刘氏而王者，天下共击之：此语出自汉初刘邦与众臣订立的白马之盟。汉朝建立初期，为了奖励功臣，刘邦册封了七个异姓王。但刘邦对这些人深怀戒心，非常担心他们谋反。后来，刘邦将这些人一一清剿。有鉴于此，加上晚年时候又担心吕后专权，唯恐刘姓天下被人夺走。遂与大臣们定下约定："非刘氏而王者，天下共击之"。意思是只有刘姓的人可以封王，如果有人打算立非刘姓的人为王，或者非刘姓的人自立为王，所有的人都宣誓一定会去消灭他。这个约定在汉代基本得到了遵循。但刘姓为王也并没有阻碍诸侯王叛乱事情的发生，在汉景帝时的"七国之乱"恰恰就缘起于刘姓诸王。

人物小传

陈平：西汉开国功臣，封曲逆侯。少有大志，曾在项羽帐下任职，后投奔刘邦。在楚汉相争中，曾设计离间项羽和其谋士范增之间的关系，导致范增负气出走，从而削弱了项羽的实力。汉朝建立后，为剪除异姓王威胁，曾建议刘邦伪游云梦，逮捕韩信。刘邦被匈奴围困白登山，曾献计重金贿赂单于阏氏，刘邦才得以逃脱。吕后专权时，陈平被削夺实权，陈平假装顺从。吕后死后，联合绛侯周勃平定诸吕叛乱，汉朝得以安定。一生"六出奇计"，为汉朝建立和巩固做出了卓越贡献。

张负：陈平妻子的爷爷，慧眼识人，在陈平名声不显时，通过其相貌及门前车辙印判断出其志向高远、才能出众，遂果断把孙女嫁给陈平为妻。

陈胜：秦末农民起义领袖，本为戍卒，因未能按照期限到渔阳戍守，面临酷刑，遂在大泽乡与吴广率先发动反秦起义，喊出"王侯将相，宁有种乎""伐无道，诛暴秦"的口号，建立"张楚"政权，自任楚王。后被秦朝大将章邯击败后，为其车夫庄贾谋杀。

吴广：秦末农民起义领袖，本为戍卒，与陈胜在大泽乡一起起义，曾帮助陈胜用"篝火狐鸣"的方式确立其领导地位，被陈胜任命为假王。后在攻打荥阳时，被起义军中另一个首领田臧杀害。

魏王咎：秦末人物。本为战国时期魏国贵族。秦统一六国后，被废为庶民。秦末反秦起义大爆发后，其跟随陈胜起义。陈胜部将魏国人周市夺得魏国故地，不肯自立为魏王，推举魏咎为魏王。后秦朝大将章邯破灭陈胜义军后，围困魏国都城临济。魏王咎与章邯谈判，以自杀换取临济百姓安全，遂自焚而死。其弟魏豹逃奔楚国，后被项羽封为新的魏王。

项羽：本名项籍，号西楚霸王，秦末反秦起义各路人马中的主力。曾在巨鹿之战中破釜沉舟，创造了以少胜多的经典战役。勇力绝伦，力能扛鼎。但为人残忍好杀、优柔寡断，缺乏政治眼光，在楚汉相争中，逐步丧失优势，被刘邦击败，自刎于乌江。

章邯：秦朝的最后一员大将，是秦末扑灭各路起义的主要将领。曾击败陈胜、杀死项梁，消灭多路义军。但在巨鹿之战中被项羽打败，因受胡亥、赵高猜忌，被迫投降项羽。被项羽封为雍王，主政关中西部，为三秦之一，就近监视刘邦。后在刘邦进攻关中时，被击败自杀。

刘邦：西汉王朝的建立者，谥号太祖高皇帝，后世称汉高祖。出身微寒，本为泗水亭长。秦末大乱时，在芒砀山斩白蛇起义，从事反秦斗争。后被楚国项梁、项羽收编。项梁死后，被楚怀王任命为西征统帅，领兵率先攻入秦朝都城咸阳。因不敌项羽，故在鸿门宴后退出咸阳，进驻巴蜀。不久与项羽反目，在楚汉争霸中战胜项羽，建立大汉王朝。后在平定内部叛乱时为流矢所中，不久病逝。

田荣：战国时期齐国宗室。秦末举行反秦起义，与其兄田儋复辟齐国。田儋为齐王，后田儋被秦将章邯击败身死。齐人另立田假为齐王，田荣不满，赶走田假，另立田儋之子田市为齐王。后因不愿出兵帮助项羽，引起项羽不满，在分封诸王时，不肯封田荣为王。田荣愤怒，不仅杀死了被项羽改封为胶东王的田市，而且自立为齐王。项羽带兵讨伐，田荣被杀死。但其弟田横矢志报仇，继续反抗项羽，从而使项羽深陷齐地战争，间接给了刘邦占领关中、争霸天下的机会。

司马卬：秦末时期人物。本为秦末起义中赵国的别将，后跟随项羽入关中。项羽灭秦后，大封诸侯，司马卬因夺取河内之地有功被封为殷王。楚汉争霸时,汉王刘邦东出关中,司马卬叛楚归汉,结果被当时还是楚将的陈平击败,复投楚国。不久,刘邦再次将其俘获,其又投汉军。这次投汉导致陈平被项羽迁怒,负气出走,归顺汉王刘邦。后刘邦在彭城之战中被项羽大败,司马卬也在乱军中被杀。

魏无知:秦末时期人物。汉王刘邦手下将领。陈平背楚归汉时,魏无知是引荐人。后陈平被人毁谤,刘邦责怪魏无知荐人不当,魏无知巧言以对。后陈平被封侯时,曾推功给魏无知,认为没有魏无知就没有自己的成功。刘邦大悦,遂给魏无知厚赏。

韩王信:原为战国韩国贵族后裔,跟随张良入汉。在楚汉战争中,曾投靠项羽,复投靠刘邦,被封为韩王。后因被刘邦怀疑而恐惧,投靠匈奴,引兵叛乱,导致刘邦御驾亲征,差点在白登之围中丧命。后又常常入寇汉地、攻击汉军,并引诱代地陈豨反叛。终被汉将柴武斩杀。

灌婴:西汉开国功臣。追随刘邦反秦,后参与楚汉相争,跟随韩信攻占齐地,又参与垓下之战。汉朝建立后,参与平定异姓王臧荼、韩王信、陈豨、英布等的叛乱,逮捕楚王韩信,因功封颍阴侯。历经汉高祖、吕后、文帝三个时期,先后任太尉、丞相之职,去世后谥号"懿侯"。

周勃:西汉开国功臣。与刘邦为同乡,追随刘邦起兵反秦,参与楚汉相争、平定异姓王叛乱,因功封绛侯,任太尉。为人厚重少文,刘邦临终曾预言:"安刘氏者,必勃也。"后其果然在吕后专权时,联合陈平主导了倒吕行动,维护了刘氏天下。其子周亚夫也是汉朝名将,曾参与平定"七国之乱",以治军严整、作细柳营而著称。

范增:秦末项梁项羽义军的主要谋士,曾在薛县会议

中建议项梁拥立楚怀王，参与巨鹿之战，被项羽尊为"亚父"。在鸿门宴中竭力主张杀掉刘邦，但未能成功。后刘邦谋士陈平施展反间计，导致其被项羽猜忌，气愤离开。

纪信：追随刘邦的将领，曾以护卫身份参与鸿门宴。楚汉争霸时，刘邦被项羽围困于荥阳。纪信献计，让刘邦假意投降，趁乱逃走，而自己则假扮刘邦吸引楚军注意力。刘邦依计而行，得以逃脱。项羽发现受骗后，恼羞成怒，烧死了纪信。因其忠勇，后代常为其立庙祭祀。

韩信：西汉开国功臣，"汉初三杰"之一。少时贫穷，常受人接济，也曾受胯下之辱。秦末乱世时，曾投靠项羽，但不得重用，后投奔刘邦，也不得重用。幸亏刘邦手下萧何慧眼识人，竭力向刘邦举荐，遂被刘邦拜为大将军。在楚汉相争中，夺三秦、破魏赵、灭燕齐，直到垓下之战全歼项羽，从无败绩，被刘邦称"战必胜，攻必取"。

后世称其为"兵仙"。但其居功自傲，引起刘邦不满。刘邦先借伪游云梦，擒拿韩信，将其爵位由楚王降为淮阴侯。后吕后与萧何合谋将韩信杀死。

龙且：秦末西楚霸王项羽手下大将，曾追随项羽与秦军及各诸侯军作战。后在韩信攻击齐国时，被项羽派去救齐。龙且自恃勇力，不听劝谏，结果在潍水之战中被韩信半渡而击，决水淹军，败走后被斩杀。

张良：西汉开国功臣，"汉初三杰"之一。刘邦手下最为重要的谋士，刘邦称他"运筹帷幄之中，决胜千里之外"。原是战国时期韩国贵族，秦灭六国后，曾趁秦始皇巡游天下时，在博浪沙予以刺杀，但失败。逃亡后得遇黄石公，被授《太公兵法》、深明韬略，足智多谋，追随刘邦兴汉灭楚。汉朝建立后，被封为留侯，但很快辞官退隐，不知所踪。张良是中国历史上以智慧闻名后世的代表人物之一。

蒯通：本名蒯彻，因避汉武帝刘彻讳，后世改名蒯通，著名的辩士。辩才无双，曾为韩信谋士，在韩信进攻齐地过程中，明知郦食其已经劝降齐王，仍旧说服韩信继续进攻，导致郦食其被齐王烹杀。又在韩信被刘邦任命为齐王后，建议韩信与项羽、刘邦三足鼎立，共分天下，而不用听从刘邦号令，但被韩信拒绝。后刘邦在吕后诛杀韩信后，得知蒯通曾劝韩信自立，遂问责蒯通。蒯通以各为其主为由，说动刘邦释放自己。

刘太公：刘邦之父，太公为尊称，非实名。丰邑农民，曾认为刘邦非兴旺家族之人。刘项争霸期间，曾与儿媳吕雉一同被项羽所俘。在两军对峙期间，曾被项羽绑缚，以烹杀为名要挟刘邦，后鸿沟议和时被项羽放回。入汉后，刘邦对其执礼甚恭，尊其为太上皇。为满足其思念家乡之情，刘邦命人曾在长安附近建新丰城，将原先丰邑的百姓、牲畜等迁居于此。后八十五岁而亡。

吕雉：汉高祖刘邦之妻，一般称吕后。刘邦早年未发迹时下嫁刘邦。刘邦起义后，一直颠沛流离，甚至在楚汉相争中，被项羽俘获，在楚国呆了很长时间。楚汉鸿沟议和，才得以回归刘邦身边。生性刚毅，诛杀汉朝有功之臣，如韩信。刘邦死后，以残忍手段害死刘邦宠妃戚夫人并杀死其子，自己的亲生子刘盈受惊吓而亡。吕后遂临朝听政，任用吕姓族人掌握朝廷大权，史称吕后专权。去世后，汉朝大臣陈平、周勃等反扑，平定了诸吕叛乱。

臧荼：秦末反秦义军将领，本为燕王韩广的部将，后项羽分封诸侯时被封为燕王。后在韩信攻破赵国时，归顺刘邦。楚汉相争结束后，依旧被封为燕王，是七个异姓王之一。但不久因刘邦捕杀项羽旧部而恐惧，遂起兵造反，被刘邦率兵斩杀。

秦始皇：名嬴政、赵政，中国历史上第一个皇帝，所

以称始皇帝。在位期间统一六国，建立中国历史上第一个封建王朝秦朝，不断开疆拓土、统一中国文化，所立典章制度为后世很多朝代遵循，被誉为"千古一帝"。但其统治残暴、滥用民力、焚书坑儒，也常被视为"暴君"的典型。

蒙恬：秦朝名将，蒙武之子。曾率兵三十万北击匈奴，收复河南之地，并监修万里长城。秦始皇去世后，赵高、李斯发动政变，矫诏令其自杀，蒙恬请求复核，但无果，最终蒙冤自尽。曾改良毛笔，被誉为"笔祖"。

冒顿单于：匈奴历史上最为有名的单于之一，首次统一北方草原，建立起广袤的匈奴帝国。曾鸣镝弑父，攫取统治权。又与韩王信等勾结，入侵汉朝，通过白登之围，差点活捉汉高祖刘邦。后又屡次背约，袭扰汉地，甚至写信给吕后，让吕后下嫁于己。汉朝虽然愤怒，但因汉初国力不足，往往采取和亲之策应对。

陈豨：西汉开国将领，因功封阳夏侯，出任赵国相国，因淮阴侯韩信撺掇加上汉高祖的猜忌，被汉朝叛将韩王信策反，背汉自立为代王。刘邦率大军亲征，将其斩杀。

英布：秦末汉初名将。因受过黥刑，故也称"黥布"。秦末起义中，追随项梁、项羽，战功赫赫，被项羽封为九江王。在楚汉相争中，背楚归汉，辅佐刘邦打败项羽，封为淮南王，与韩信、彭越并称汉初三大名将。后因谋反，被汉高祖诛杀。

卢绾：与刘邦系同乡，亦是同日生人，二人少年时为好友。追随刘邦起兵，历经反秦战争、楚汉相争，战功赫赫，封为长安侯，官至侍中、太尉。原燕王臧荼反叛被杀后，深得刘邦信任的卢绾被册封为新任燕王。但在赵国相陈豨自立代王，勾结匈奴造反时，首鼠两端，一面想忠于刘邦，一面又害怕刘邦诛杀功臣而与陈豨暗通消息，导致刘邦对其产生怀疑，命人对其抓捕。卢绾逃遁入匈奴，被封为东胡卢王，最终客死他乡。

樊哙：秦末汉初刘邦手下重要将领、开国元勋。早年贫寒，曾以屠狗为业。后拥戴刘邦在秦末起兵反秦。作战勇猛，功劳卓著，深得刘邦信任。曾在鸿门宴上怒斥项羽，项羽对其甚为欣赏。又以"大行不拘细谨，大礼不辞小让""人为刀俎，我为鱼肉"的理由说服刘邦在鸿门宴中不辞而别，逃离险境。后又随刘邦征伐各路诸侯，建立汉朝。入汉后，又协助刘邦剪除异姓王及其他叛乱，因功封为舞阳侯，曾任大将军、左丞相等职。

曹参：西汉开国功臣，原为秦朝沛县狱掾，后追随刘邦起义。身经百战，屡立战功。入汉后，被封为平阳侯。刘邦去世前曾指定其为丞相萧何的接班人，后在汉惠帝时，果然继萧何位为相国。在位期间，遵守萧何时期的法令无所更改，坚持清静无为、休养生息的大政方针，为后世的"文景之治"打下了坚实基础，也留下了"萧规曹随"的典故。

王陵：西汉大臣。刘邦的同乡，出身豪族。刘邦曾以兄礼事之。但王陵看不起刘邦，与雍齿交好。刘邦起义后，王陵不肯追随，独自占据南阳。楚汉相争时，项羽拉拢王陵，软禁其母。王陵母伏剑自杀，让其子归顺刘邦。汉朝建立后，刘邦记仇，不肯第一时间封赏王陵，五六年后才封其为安国侯。但刘邦对其颇为信任，刘邦临终前曾指定其为曹参之后的相国，并让陈平辅之。果然，曹参之后，王陵为右丞相，陈平为左丞相。吕后专权时，王陵不满诸吕封王，被吕后投置闲散。

吕媭：汉朝第一任皇后吕后的妹妹，丈夫是刘邦手下

大将舞阳侯樊哙，二人育有一子樊伉。刘邦晚年对樊哙有猜忌之心。当樊哙领兵出征时，有人汇报樊哙有谋反嫌疑，刘邦不加辨识，命陈平、周勃赶赴军中斩杀樊哙。陈平、周勃顾忌樊哙身份，没有斩杀，而只是抓捕归案。但吕媭仍对陈平不满，在吕后专权时，屡屡进谗言陷害陈平。吕后对吕媭比较宠爱，曾封其临光侯，是西汉初年少数被封侯的女性。后樊哙、吕后先后病逝，陈平、周勃等人平定诸吕叛乱，吕媭及其子樊伉均被杀死。

吕禄：西汉时期人物。吕后专权时，封其为赵王，是诸吕叛乱的首脑人物。吕后病重，命其为上将军，统领北军，掌握兵权。吕后病逝，吕禄想要谋反，但又慑于汉初大臣威势，不敢擅动。消息走漏，周勃、陈平等人决定平定诸吕叛乱。周勃绑架吕禄好友郦寄之父郦商，逼迫郦寄向吕禄进言交出兵权。吕禄对郦寄言听计从，交出兵权。周勃得以进入北军，获取兵权。最终吕禄被捕杀。

吕产：西汉时期人物。吕后专权时，封其为吕王、梁王，是诸吕叛乱的首脑人物。吕后病重，命其统领南军，掌握兵权。吕后死后，吕产为相国。诸吕作乱时，因计划不密，权谋不足，被杀。

薄姬：汉高祖刘邦嫔妃，汉文帝刘恒的生母。本为秦末诸侯魏王豹的姬妾，魏王豹被杀后，被刘邦收纳，但并不受宠。刘邦去世后，吕后专权，尽数屠戮刘邦原先宠爱的嫔妃及其后人，唯独薄姬母子因不受宠，得以存活。吕后去世后，大臣周勃、陈平等人平定吕氏之乱，扶持刘恒登基，薄姬遂成为太后。

刘恒：汉高祖刘邦之子，西汉第五位皇帝汉文帝，即位之后，励精图治，采取休养生息的政策，与其子汉景帝开创"文景之治"。